Disfruta el momento

Grupo ROBIN BOOK

Barcelona - México
Buenos Aires

Disfruta el momento

Raphael Cushnir

Traducción de Anna Riera

Título original: How Now
© 2005, Rapahel Cushnir por el texto.
   First published in English by Chronicle Books LLC,
   San Francisco, California
© 2009, Ediciones Robinbook, s. l., Barcelona

Diseño de cubierta e interior: Cifra
Fotografía de cubierta: Gary Scott, Stockxpert

ISBN: 978-84-7927-998-1
Depósito legal: B-30.449 -2009

Impreso por Egedsa
Rois de Corella 12-16
08205 Sabadell (Barcelona)

Impreso en España - *Printed in Spain*

Dedico este libro a todos los pacientes que han acudido a mí en busca de apoyo psicológico y a todos aquellos que han participado en mis talleres, a todos aquellos que he tenido el placer de ayudar. Vuestra valentía y vuestra presencia han sido para mí fuente infinita de inspiración. Con cada una de estas formas de celebración también os conmemoro a vosotros.

Índice

Introducción

Ya sabes lo importante que es vivir el momento presente. Los filósofos, los sabios, los poetas y los místicos llevan siglos abordando el tema. Horacio dijo: «Aprovecha el día». Heráclito afirmó: «Ningún hombre puede bañarse dos veces en el mismo río». Y Ram Dass hizo famoso lo de: «Aquí y ahora», y con ello inspiró a una generación entera durante los años sesenta.

¿Pero en qué consiste realmente eso de vivir el momento? ¿Qué se siente? Y, lo más importante, ¿cómo se hace?

La buena noticia es que no se trata de algo complicado. La mala noticia es que no siempre resulta fácil. Pero hay otra buena noticia: es una habilidad que puede aprenderse y mejorarse con el tiempo, como ocurre con la musculatura. Vivir el presente, aunque sea solo durante un breve instante, puede llevarnos a ser más conscientes del presente. Con el tiempo conseguirás vivir el momento de forma natural y sin esfuerzo.

Como dice el refrán: «No dejes para mañana lo que puedas hacer hoy». De modo que empecemos. Respira hondo. Siente cómo el aire, llena tus pulmones e hincha tu barriga. Luego relájate y deja que la siguiente bocanada de aire entre sola. ¿Te sientes un poco más conectado con el presente? El mero hecho de respirar de forma consciente puede devolverte al presente.

Mira a tu alrededor. Sigue mirando sin pensar en nada, hasta que tus ojos tropiecen con algo en lo que no habías reparado antes. Cuando lo hayas encontrado, averigua si tiene algún olor. Si lo tiene, deja que su aroma impregne tu nariz. Si no lo tiene, déjate guiar por tu nariz hasta la cosa más cercana que sí huela a algo.

Otra forma rápida de estar más en contacto con el presente es aprovechando los sentidos. Sirve cualquiera de los cinco sentidos: la vista, el olfato, el gusto, el oído y el tacto. Además de los cinco sentidos externos, también cuentas con la habilidad de sentir por dentro, de experimentar cómo registra tu cuerpo internamente el placer, el dolor, el hambre, la saciedad y otras sensaciones. Fíjate, por ejemplo, en lo que ocurre cuando sonríes. Observa cómo cambian tus sensaciones internas. Luego cierra la boca y tararea una nota. Sigue la vibración de las ondas sonoras mientras se propagan por tus órganos y tus huesos. Deja que te espabile.

Ser consciente de la respiración y los sentidos ayuda a estar en el presente, pero hay mucho más. Desgraciadamente, dedicamos gran parte de nuestra vida a desechar aquello que no queremos reconocer o aceptar. Sentimientos, situaciones difíciles, aspectos problemáticos del mundo en general; todo ello puede hacer que nos encerremos en nosotros mismos, que nos apartemos de lo que está sucediendo realmente. Cuando eso ocurre, nos desconectamos del momento presente. Y en el proceso perdemos además nuestra vitalidad, nuestra alegría innata y la energía que nos permite sanar y crecer.

La mayor parte del tiempo, no somos conscientes de nuestra desconexión con respecto al momento presente. Estamos lejos y no somos conscientes de ello, o sabemos que estamos lejos pero no sabemos por qué. Y aquí es donde puede ayudar este libro. Estas formas de celebrar el momento presente han sido pensadas para ayudarte a averiguar cuándo, dónde y por qué te has encerrado, y para ayudarte a volver a la vida de la forma más rápida y agradable posible.

La mejor forma de abordar el tema es con una buena disposición. Al fin y al cabo es algo que haces porque quieres. Así que en vez de verlo como una obligación, coge el libro de vez en cuando y elige una página al azar. Léela sin prisas, como si fuera un poema, para poder asimilar bien las palabras y las prácticas propuestas.

No importa el orden en que las leas, ni el tiempo que tardes en completarlas; tienen un efecto acumulativo. Cada una de las fórmulas reforzara las otras. Tu ser empezará a florecer a un nivel más profundo que el del conocimiento corriente. Sentirás más paz, amor y satisfacción de lo que pensabas que era posible.

Eso es lo que te ofrece el momento presente. Siempre. Y es tuyo en este preciso instante.

El principio 1

Es fácil perderse el milagro de la existencia que se revela continuamente a causa de la rutina diaria y la costumbre. Una forma de reconectar con ese milagro es incorporando conscientemente nuevos proyectos y actividades a tu vida. Cada nueva aventura en la que te embarcas, ya sea grande o pequeña, supone una nueva invitación para saborear el presente.

La práctica

Confecciona una lista con algunas cosas que te gustaría hacer. La lista puede incluir todo tipo de cosas, como por ejemplo: hacer algún amigo nuevo, cultivar hierbas medicinales, comprarte ropa de otro estilo, leer un libro que siempre has querido leer, o intentar comunicarte de un modo más sincero. Luego, analiza la lista en busca de algo que puedas poner en práctica de inmediato. Hazlo y disfruta de su inicio. Actualiza la lista a medida que te vayas desarrollando y transformando.

¿Cómo piensas? 2

*A*unque el proceso de pensar pueda parecer sencillo, en realidad es bastante complejo. Algunos pensamientos surgen como palabras, otros como conceptos enteros, y otros en forma de imagen. Muchos pensamientos son una mezcla y difieren en cuanto a duración, proporción e intensidad. Si contemplas tus pensamientos como si fueran una película que se proyecta en tu interior, en tres dimensiones, conseguirás estar más cerca de un estado de conciencia visto momento a momento.

La práctica

Relájate. Cierra los ojos. Contempla tus pensamientos durante los dos minutos siguientes. Presta más atención a su forma que a su contenido. Fíjate sobre todo en si se manifiestan en forma de palabras, conceptos o imágenes, o si son combinaciones. Luego abre los ojos y repite la operación. ¿Cambia la forma de tus pensamientos cuando van acompañados de la visión externa?

Cultiva la gratitud 3

La gratitud nos abre la mente y el corazón. Nos conecta de forma instantánea con el momento presente. Además, nos hace sentir maravillosamente bien. El hecho de que la gratitud resulte tan fácil de conseguir no hace si no añadir otra razón para sentirnos agradecidos.

La práctica

Confecciona una lista con diez cosas por las que te sientas agradecido. Una vez terminada la lista, siente gratitud por cada una de las cosas listadas. Deja dicha lista en tu mesita de noche y échale un vistazo cada mañana y antes de acostarte. Cuando descubras otra cosa por la que debas sentirte agradecido, añádela a la lista. **Verás que la gratitud aumenta** de forma proporcional a tus esfuerzos por pensar en ella.

Piensa en alguien
o algo que te encante,
un niño, un lugar
en plena naturaleza

La sonrisa interior 4

*P*ara estar conectado con el presente no es necesario estar contento, pero la alegría es una de las herramientas más poderosas para conseguirlo. La alegría proporciona una sensación de expansión: una sonrisa interior que es como un baño caliente. Algunos llaman a este baño caliente «flujo» o «espíritu». Al experimentarlo nos sentimos conectados con nosotros mismos y todo lo que nos rodea.

La práctica

Piensa en alguien o algo que te encante. Puede ser un niño, un lugar en plena naturaleza o tu recuerdo favorito. Escojas lo que escojas, debe tratarse de algo que te hace sonreír por dentro automáticamente con solo pensar en ello. Luego abandónate a esa sonrisa interior. Deja que te ilumine. Siente como se extiende por tu cuerpo y más allá, uniéndote alegremente con el entorno.

Cuenta las respiraciones 5

La respiración te conecta directamente con el presente, y con la vida misma. Por regla general piensas en ti mismo como en un individuo independiente, pero en realidad cada inhalación y cada exhalación tuya establecen literalmente un vínculo entre lo que está en tu interior y lo que está fuera de ti. Cuanto más consciente seas de tu respiración, más fuerte será dicho vínculo.

La práctica

Respira con naturalidad, a tu ritmo, y cuenta diez respiraciones. ¿Parece sencillo, verdad? Y sin embargo lo más probable es que pierdas la cuenta varias veces mientras lo haces. Le ocurre prácticamente a todo el mundo. Nuestra mente funciona así. Cuando te ocurra, vuelve a empezar sin frustrarte ni preocuparte. No se trata de un juego que debas ganar o de una habilidad que debas dominar; plantéatelo más bien como una oportunidad para crecer. El crecimiento tiene sus propias reglas y su propio ritmo.

Lluvia de alabanzas 6

El sentimiento de estar presente, al igual que la risa, es contagiosa. A menudo, el hecho de ayudar a otro a sentirse completamente vivo hace que a uno también se le levanten los ánimos.

La práctica

Piensa en alguna persona de tu entorno que últimamente lo haya estado pasando mal, que haya perdido la clase de confianza y soltura que solo puede salir de dentro. Luego reflexiona sobre qué es lo que valoras de esa persona.

Ha llegado el momento de hacérselo saber. Deja claro que llamas únicamente para decirle que la aprecias. Observa lo que sientes al expresarlo con palabras. Observa si tus palabras provocan alegría, vergüenza, una mezcla de ambas cosas, o algo completamente distinto. Luego, durante las semanas siguientes, observa si se produce algún cambio en vuestra relación.

Baila como un loco 7

El tiempo nunca se detiene y nosotros tampoco deberíamos detenernos nunca. Existe el movimiento funcional, el movimiento mecánico y luego está el baile. El baile nos pone en contacto con el flujo, con el espíritu y, de forma prácticamente instantánea, con el presente. No hace falta saber bailar bien; basta con mostrar una buena disposición.

La práctica

Ponte ropa cómoda, para poder moverte con libertad.
Asegúrate de que no haya ningún espejo en la habitación. Pon la
música que te apetezca escuchar. Calienta un poco los músculos
haciendo algunos estiramientos. Ya estás listo para dejarte ir.
La mayoría de nosotros sabemos bailar, de modo que no hace
falta dar muchas instrucciones. A muchas personas, sin embargo,
les cuesta superar el sentido del ridículo y la timidez. Así pues,
deja que el baile salga de tu interior. El objetivo final es lograr
meterse por completo en el baile, de modo que te muevas sin
pensar.

No hace falta
saber bailar bien;
basta con mostrar
una buena disposición

Deshazte de lo viejo 8

*E*l pasado se amontona en nuestra casa así como en nuestra mente. A menudo nos sentimos constreñidos, atrapados por todas las cosas que hemos acumulado. Si nos deshacemos de parte de esas cosas cada cierto tiempo dispondremos de espacio para respirar, estirarnos y dar la bienvenida a cosas nuevas.

La práctica

Resérvate un día para abrir todos los cajones y armarios de tu casa. Haz inventario de todas tus cosas pensando en deshacerte de lo que no necesites. Si se trata de algo que necesitas sí o sí, déjalo donde estaba. Si es algo que no has usado desde hace un año o más y no tienes un vínculo emocional que te una a ello, déjalo en una pila para «reciclar». Si es algo que no has usado en el último año o más, pero existe algún vínculo que te une emocionalmente a él, colócalo en una pila de «depende». Luego, cuando hayas acabado, recicla todo aquello que estás dispuesto a tirar, y disfruta del espacio recién estrenado.

Escarba en el barro 9

Toda criatura viva debe su existencia misma al planeta que habita. Los humanos, sin embargo, somos la única especie que ha aprendido a sobrevivir sin estar directamente conectada con la tierra. Para recuperar este eslabón perdido basta con ensuciarse las uñas con un poco de barro.

La práctica

Espera a que haga un día soleado y cálido, y busca un pedazo de tierra que esté húmeda y blanda. Llévate una pala, un rastrillo o una azada. Afloja el barro con la herramienta escogida y luego déjala a un lado. Siéntate o túmbate directamente sobre el suelo, para que **puedas sentir la tierra bajo el cuerpo**. Investiga cómo huele la tierra y cómo se desmenuza entre tus dedos. No dejes de escarbar hasta que te sientas como el animal que eres realmente.

Tómatelo con calma 10

El ritmo de la vida moderna es frenético. Los seres humanos no están preparados para afrontar ese tipo de ritmo. Si dedicamos cierto tiempo a movernos por la vida a un ritmo que se ajuste a nuestra condición física y evolutiva obtendremos dos beneficios. Primero conseguiremos contactar con el presente de un modo agradable e inmediato. Y segundo, nos sentiremos recargados y capaces de controlar todos esos otros momentos en los que no podemos tomárnoslos con más calma.

La práctica

Escoge una actividad que puedas llevar a cabo como mínimo tres veces más despacio que habitualmente. Asegúrate de que dispones de más tiempo del que necesitas, para que nada te impida llevarla a cabo.

No olvides respirar, hacer una pausa, reflexionar y realizar la actividad sin desconcentrarte y con tranquilidad. Si sientes la necesidad de acelerar, para por completo hasta que se te pase. Cuando consigas un ritmo relajado y fácil, **ríndete a dicho ritmo en lugar de dictarlo.**

Personas preciadas 11

No hay nadie que haya muerto deseando haber amado menos. Al final, lo más importante es la gente que forma parte de nuestras vidas. Y sin embargo a menudo, a causa del miedo o el dolor, no se lo hacemos saber. Dedicar tiempo a ello nos permite reconocer y celebrar en el presente lo que es realmente más importante para nosotros.

La práctica

¿Quiénes son las personas más importantes de tu vida?
Reflexiona al respecto de un modo relajado, aunque la respuesta
te parezca sorprendente o de algún modo inadecuada. En lugar
de centrarte en a quién «deberías» amar, deja que sea tu
corazón el que diga la última palabra.
Luego, durante las semanas siguientes, plantéate como meta
hacer saber a dichas personas exactamente lo que sientes. Hazlo
tal y como te salga, del modo que sea más fácil para dichas
personas oírlo y aceptarlo.

Brinca como un niño de cinco años 12

Tu cuerpo sabe jugar perfectamente, aunque normalmente no juegues. Para dejarte ir lo único que necesitas es estar dispuesto a hacerlo. Con frecuencia basta un poco de juego desinhibido para liberar lo que estaba atascado, y para aportar creatividad, soltura y alegría allí donde antes parecía imposible.

La práctica

Brincar: eso es todo lo que tienes que hacer. Lo hagas en público o en privado, asegúrate de tener espacio suficiente para poder desfogarte a gusto. Olvídate de la vergüenza, de la timidez y de todos los prejuicios sobre que es una tontería y una pérdida de tiempo. **Brinca hasta quedarte sin aliento**. Brinca hasta que no puedas evitar sentir una sensación de júbilo.

Brinca hasta quedarte sin aliento. Brinca hasta que no puedas evitar sentir una sensación de júbilo

Análisis
de colores 13

Si estás de mal humor, te sientes confuso y por tanto muy lejos del momento presente, piensa que siempre hay algún remedio rápido y eficaz. Realizar alguna actividad rápida que requiera los sentidos y una profunda concentración puede sacarte de la angustia más abrumadora.

La práctica

Durante treinta segundos observa todo lo que te rodea. Durante ese tiempo, y lo más rápido que puedas, **nombra los objetos que veas** añadiendo de que color son. Cuando termines, respira profundamente y observa si te sientes más centrado y presente. Si no es así, dirígete a otra habitación distinta y repite la práctica anterior.

Encuentra algo nuevo 14

En la filosofía zen, el concepto de la mente del principiante hace referencia a la cualidad de estar abierto, a la capacidad de ver las cosas de otro modo y de cambiar el rumbo de forma consecuente. La mente del principiante es el resultado de comprender que cada momento tiene algo peculiar. Para acostumbrarse a esta perspectiva resulta útil no solo ver cosas nuevas, si no también incorporar nuevas cosas a tu experiencia.

La práctica

Durante los días siguientes, haz algo que no hayas hecho nunca. Una cosa cada día. En vez de optar por proyectos a largo plazo, opta por algo, ya sea modesto o grandioso, que puedas llevar a cabo en ese preciso instante y en ese preciso lugar. Las posibilidades son infinitas. Puedes sonreír a un compañero de trabajo que está siempre malhumorado, probar algún alimento nuevo o preparar una comida familiar de un modo distinto. Cada vez que lleves a cabo algo nuevo, observa si te conviertes en alguien más alegre y despierto.

Test del gusto 15

*E*l aspecto físico es la puerta de acceso a un nivel completamente nuevo de bienestar. Eso se ve más claro, quizás, cuando se aplica al tema de la comida. La mayoría de nosotros seleccionamos lo que comemos mediante una combinación de deseos y «deberías». Muy rara vez aprovechamos el mecanismo instantáneo de que dispone nuestro cuerpo para identificar el alimento que más nos conviene en cada momento.

La práctica

Durante un día entero, pon el primer mordisco de cualquier alimento que te tomes debajo de la lengua y déjalo allí durante veinte segundos antes de tragártelo. Observa todas las sensaciones que experimenta tu cuerpo. Con que te sientas ligeramente peor que antes de tomarlo querrá decir que tu cuerpo te está diciendo: «No, gracias».

Cuando eso ocurra, mira si eres capaz de dejar ese alimento a un lado ignorando los deseos que te empujen a hacer lo contrario. Observa si tiene alguna repercusión negativa durante los días siguientes, como dolores de cabeza o irritabilidad. Si encuentras alguna, quizás la próxima vez te resulte más fácil desecharlo y optar por otro alimento.

Nubes con formas 16

*A*ntaño la expresión tiempo libre hacía referencia a esos momentos de la semana durante los que no solíamos planear ninguna actividad. En la actualidad, no obstante, no son más que unas pocas horas durante las que programamos nuestros ratos de ocio. Con el cambio hemos perdido la oportunidad vital de reflexionar y rejuvenecer. Afortunadamente, podemos recuperarla en un abrir y cerrar de ojos.

La práctica

Espera a que amanezca un día nublado. Busca un lugar cómodo al aire libre, en el que puedas tumbarte boca arriba y observar tranquilamente el cielo. Deja que las nubes vaguen por tu campo de visión. Observa la velocidad a la que el viento las arrastra y cómo se transforman y se funden unas con otras. Sin tratar de ver nada en particular, observa si tu mente identifica las nubes con caras o figuras. Guarda como si fueran un tesoro estos momentos excepcionales.

Busca un lugar cómodo al aire libre, en el que puedas tumbarte boca arriba y observar tranquilamente el cielo

Piérdete 17

*L*os seres humanos tenemos la necesidad de sentir que controlamos nuestra vida. Eso acaba convirtiéndose en un círculo vicioso que nos hace perder por completo el contacto con el presente. Si provocamos situaciones sobre las que no tengamos el control, conseguiremos inclinar la balanza de nuevo hacia el presente.

La práctica

Dirígete a una zona de tu ciudad que no conozcas demasiado bien. Comprueba antes que se trata de una zona segura. Anda y anda hasta que estés completamente perdido. No consultes ningún plano. Capta todo lo que te rodea con ojos curiosos y una mente abierta.

Fíjate sobre todo en si te sientes incómodo o asustado por estar tan lejos de los lugares que conoces. Si experimentas ese tipo de sentimientos, no los ahuyentes y sigue adelante. De camino a casa, analiza si la experiencia ha despertado, o ha despabilado, algún aspecto inactivo de tu persona.

Juega con tu voz 18

La voz humana es como una orquestra, ya que es capaz de emitir una variedad infinita de sonidos. Cada sonido que emite la voz nos conecta con un estado emocional o sensorial distinto. Si llevamos nuestra voz más allá del registro habitual sentiremos que cada instante nos ofrece un sinfín de posibilidades.

La práctica

Busca un lugar donde nadie pueda oírte. Luego empieza a tararear, gritar. Haz cualquier sonido que se te ocurra. Repasa toda la escala, desde la nota más grave hasta la más aguda, desde el susurro más débil hasta el alarido más salvaje. Deja que un sonido se transforme en otro hasta que no sepas cuál será el siguiente, hasta que sean los sonidos los que te llevan a ti.

Concéntrate en un objetivo 19

Prácticamente todas las tradiciones espirituales recomiendan algún tipo de ejercicio de concentración para aumentar la conexión con el presente. El objeto que usemos para concentrarnos no es importante. Lo que importa es que permanezcamos concentrados de forma tranquila y constante.

La práctica

Escoge un objeto en el que concentrarte, como una vela o una mancha en la pared. Observa ese objeto durante diez minutos. **Concentra todo tu ser en dicho objeto**, si tus pensamientos tratan de seguir otros derroteros, vuelve a dicho punto. Sumérgete gradualmente en esta práctica, hasta que el objeto y el observador empiecen a fundirse.

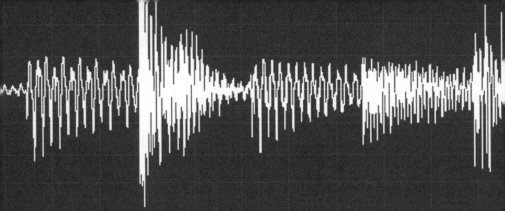

**Grita cualquier sonido
que se te ocurra, desde
el más grave hasta el más agudo**

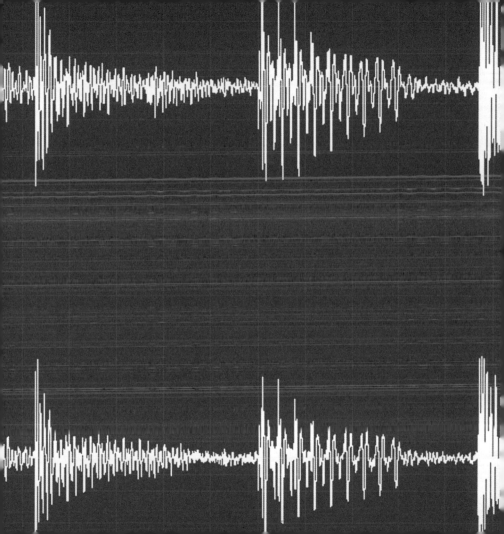

Cuenta algo que te cueste 20

*D*ecir la verdad cuando nos sentimos vulnerables es una de las cosas más difíciles de hacer. Sin embargo, prácticamente siempre que nos atrevemos a contar una verdad difícil, crecemos y conseguimos estar más conectados con el presente, sea cual sea la respuesta. Liberamos la energía que dedicábamos a mantener una falsa fachada y podemos usarla para inspirarnos y animarnos.

La práctica

Piensa en las distintas personas que forman parte de tu vida: familiares, amigos, colegas del trabajo y otros miembros de tu comunidad. ¿En qué relación has estado reprimiendo una verdad difícil? Dicha verdad puede hacer referencia a algo que sientes o no sientes, o a una parte de la relación que tu consideras que no funciona.

¿Estás dispuesto a contar la verdad? En caso afirmativo, escoge un momento y un lugar donde tú y la otra persona podáis hablar sin culparos ni recriminaros nada. Cuando todo haya terminado observa si te sientes como si te hubieses quitado un peso de encima.

Amplia tus horizontes 21

*L*a mayor parte del tiempo, nuestra atención se centra en el exterior, en lo que estamos haciendo o encontrándonos en el mundo. A veces se centra en el interior, para observar lo que sentimos físicamente. En el transcurso de la vida, alternamos inconscientemente estos dos aspectos del presente. Pero podemos ampliar nuestros horizontes para poder centrarnos en ambos campos simultáneamente. Si conseguimos dominar esta habilidad, estaremos en contacto con la información y la sabiduría que nos proporciona nuestro cuerpo.

La práctica

Inicia una conversación amistosa. Mientras escuchas a tu interlocutor, amplia tus horizontes de modo que incluyan tus propias sensaciones físicas. Tu reacción a lo que oyes puede provocar cambios frecuentes en tus sensaciones. El objetivo es poder pasar sin problemas y continuamente de las sensaciones que tú experimentas a las palabras de tu interlocutor y viceversa.

Paros voluntarios 22

*C*uando no nos gusta o no queremos algo, instintivamente lo rechazamos. Este proceso no tiene nada de malo; es natural e inevitable. Pero si no somos capaces de reaccionar una vez pasado el rechazo inicial, se crea una barrera duradera que nos separa del presente. Aprender a reconocer los rechazos es el primer paso para poder disminuir su impacto.

La práctica

Piensa en algo que te frustre de verdad. Deja que toda la frustración que asocias con dicho problema te llene por completo. Luego centra tu atención en tu cuerpo y fíjate exactamente en lo que sientes y dónde lo sientes. Quizás notes una tensión en los hombros, un retortijón en la tripa o que aprietas las mandíbulas.

Dicha sensación manifiesta un rechazo. Lo que sientes es probablemente lo que siempre sientes cuando rechazas algo. Ahora que lo sabes, cuando la experimentes sabrás que estás lejos del presente.

Sesión de observación en el barrio 23

La vida es increíblemente rica y fascinante. Cuanto más miras, más ves por descubrir. Pero a causa del ajetreo de la vida diaria, nos pasamos la mayor parte del tiempo desechando la mayor parte de lo que sucede a nuestro alrededor. Si dedicas unos minutos a mirar a tu alrededor aportarás un brillo renovado a tu experiencia cotidiana.

La práctica

Busca un lugar cerca de tu casa que resulte ideal para pasar el rato. Acampa allí un mínimo de veinte minutos. Fíjate en todo lo que pasa, prestando especial atención a lo que habitualmente no verías.

Si estar así de ocioso te incomoda, **deja que esa incomodidad permanezca y sigue observando.** Si te aburres, deja que tu aburrimiento forme parte de la experiencia. Mientras observas, anota cualquier visión, sonido, sensación o reflexión inusuales o inesperados.

Comunícate solo con sonidos 24

*L*os seres humanos adulteramos constantemente los significados y las interpretaciones sobre la experiencia bruta del presente. Limitar de vez en cuando el uso de palabras con aquellos a los que amamos puede ayudarnos a superar aquello que se ha quedado estancado o obstaculizado, o aquello que se ha vuelto conflictivo.

La práctica

Elige un amigo en el que confíes y que tenga sentido del humor.
Escoged un momento en que a los dos os vaya bien y
comunicaros el uno con el otro usando únicamente
sonidos monosilábicos. Estos sonidos pueden ser «Mmmm»,
«¡Ay!», «Grrrrr» y «Ahhh». No uséis palabras monosilábicas
que tengan un significado específico distinto a lo que expresan
los sonidos propiamente dichos, por ejemplo «Sí» y «No».

Dibuja con la mano no dominante   25

Todos llevamos en nuestro interior a un niño inocente y alocado para el que cada día es una nueva aventura que le permite aprender, crecer, probar, equivocarse y volver a intentarlo. Podemos evocar al niño que hay en nosotros realizando alguna actividad que se nos dé realmente mal.

La práctica

Coge una hoja de papel grande y un marcador; escribe tu nombre varias veces con la mano no dominante. Deja que se imponga la torpeza resultante. Diviértete haciéndolo. Luego, sigue dibujando con la misma mano como mínimo durante diez minutos. Saca el máximo partido a cualquier pensamiento, emoción, recuerdo y asociación que se te ocurra.

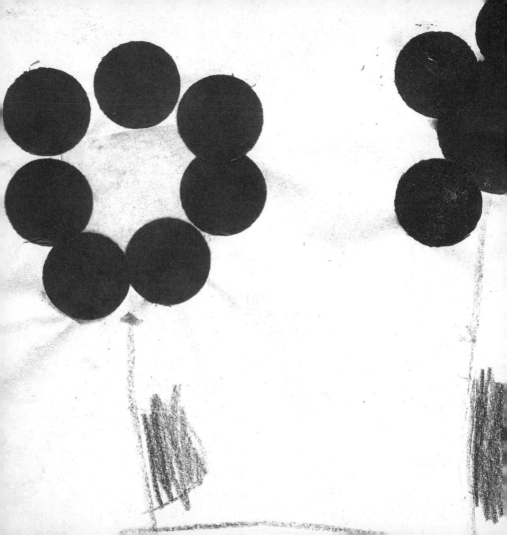

Podemos evocar al niño
que hay en nosotros realizando
alguna actividad que se nos
dé realmente mal

Déjate llevar 26

Para estar completamente presente hay que estar conectado con los ritmos universales que se encuentran fuera de los límites de la conciencia normal y corriente. Para establecer dicha conexión, debemos silenciar nuestros propios ritmos y alejarnos de la parte de nosotros mismos que normalmente dicta nuestras elecciones y acciones. El resultado de dicha rendición suele resultar de lo más inspirador.

La práctica

Pon algo de música y quédate completamente quieto escuchándola. Deja que circule por tu cuerpo como si fuera una corriente de aire que entra por una puerta. En este estado de receptividad extrema, observa si la música hace que tu cuerpo *baile*. Es posible que empieces a balancearte ligeramente de un lado a otro, a mecerte o que te quedes completamente inmóvil todo el tiempo. El objetivo es descubrir qué ocurre cuando no eliges tú, cuando te entregas por completo, en cuerpo y alma, al momento en cuestión.

Modalidades de intuición 27

*L*a intuición es nuestro sexto sentido. Cuanto más la aprovechemos, más vivos estaremos en todo momento. Todos tenemos intuición, pero cada uno la experimenta a su manera. Si identificas tu propia forma de intuición podrás recurrir a este rasgo humano vital con facilidad y de un modo coherente.

La práctica

Trata de recordar la última vez que estuviste completamente seguro de algo, pero eras incapaz de explicar por qué estabas tan seguro. ¿Qué sensación experimentaste junto a dicha certeza? ¿Fue una sensación en el estómago? ¿Una sensación de convicción absoluta? ¿Todo lo anterior o una combinación de varias de las cosas?

Durante los días siguientes, fíjate en si experimentas alguna de esas sensaciones y mira si puedes distinguir la forma básica de tu propia intuición. Si no experimentas nada, espera pacientemente hasta que vuelvas a estar completamente convencido de algo sin ninguna razón en particular.

Supera la impaciencia 28

¿Qué es exactamente la impaciencia? Es nuestro rechazo hacia el momento presente tal y como es porque algo que queremos que ocurra en un futuro todavía no ha ocurrido. Sin embargo, la impaciencia casi nunca consigue que lo que deseamos se produzca más rápidamente. Lo que consigue es más bien privarnos de los placeres del presente. Afortunadamente, basta con un ligero cambio de conciencia para anular esta privación que nos autoimponemos.

La práctica

La próxima vez que estés impaciente, observa tu cuerpo y descubre donde se localiza la sensación. Quizás sea en el pecho, o en el estómago, o en el cuello y los hombros. Una vez descubierta, debes estar pendiente de la sensación hasta que empiece a mitigarse. Y te lo creas o no eso es lo que suele ocurrir: que la sensación se mitiga.

Razones para existir 29

*A*demás de las metas obvias, tales como ganarnos la vida o cuidar de aquellos a los que amamos, cada uno de nosotros tiene una o más razones básicas para existir. Si conoces cuáles son tus razones, el acto de existir resultará una experiencia más digna y feliz.

La práctica

Cuando tengas un momento de paz y tranquilidad, hazte la pregunta siguiente: ¿Cuáles son mis razones para existir? Cuando se te ocurra una respuesta, repítela en voz alta y observa si suena sincera. Sabrás que has encontrado una razón verdadera para existir cuando tu cuerpo diga: «¡Sí!». Tu sí personal puede manifestarse a modo de convicción, como una sensación de paz o como una oleada de energía edificante.

Vigila tu dinero 30

¿*Qué es el dinero? Para algunos es una bendición, para otros una maldición, y para otros un simple medio de intercambio. En cierto sentido, tu forma de gastar el dinero es la prueba irrefutable de lo que tú valoras. Si estás pendiente de tus gastos durante algún tiempo, podrás estar más en contacto con el presente que antes. Y la experiencia puede resultar una confirmación, suponer una sorpresa o constituir un aliciente que te empuje a cambiar.*

La práctica

Durante un mes, guarda las facturas en el monedero atadas con una goma. Coloca una goma también alrededor de la chequera, la tarjeta de crédito y la tarjeta del cajero automático. Luego, cada vez que tengas que retirar una goma para comprar algo, reflexiona durante unos segundos, ¿Necesito realmente lo que voy a comprar? ¿Qué impacto tendrá en mi vida en general? ¿Saldría ganando si usara este dinero para otra cosa? La forma en que gastes tu dinero es algo que te concierne solo a ti. Deja que te guíe hacia lo que desea tu corazón.

Una bola de energía 31

*E*n cada preciso instante intervienen fuerzas invisibles que influyen en lo que sucede. Algunas de esas fuerzas serán siempre un misterio. Otras, aunque resulten aparentemente misteriosas, son más tangibles de lo que pensamos. Una de ellas es la fuerza a la que solemos llamar energía sutil. Es la que hace que la acupuntura funcione. O el reiki y otros muchos tipos de prácticas curativas. Ser consciente de la energía sutil nos ayuda a reconocer que está mucho más presente de lo que consiguen captar nuestros ojos.

La práctica

Coloca las manos una frente a la otra, separadas 1 cm la una de la otra. Sintoniza el campo de energía sutil que existe entre ellas. Es posible que la notes de inmediato pero también que te lleve algo de tiempo. En cuanto seas capaz de sentirla, empieza a mover las manos, hasta que queden a unos 15 cm la una de la otra; concéntrate en la energía sutil que ocupa el espacio que has creado. Luego dobla los dedos y forma una bola con la energía. Experimenta con esta bola de energía: presiónala, estírala y observa hasta dónde puedes extenderla sin que la sensación desaparezca.

En cada preciso instante
intervienen fuerzas invisibles
que influyen en lo que sucede

Contacto visual 32

Lo que más usamos para conectar es el lenguaje hablado, pero a veces también es posible perderse en las palabras o esconderse tras ellas. El contacto visual, por el contrario, resulta inmediato. Puede atravesar todos nuestros mecanismos de defensa y hace que nos comuniquemos de corazón a corazón. Además puede revelar cualquier asunto personal que se interponga en el camino.

La práctica

Durante un día entero, establece contacto visual directo con todo aquel que se cruce en tu camino. Hazlo tanto con aquellos a los que conoces como con aquellos a los que no conoces. Si alguien no te devuelve la mirada, limítate a sonreír y sigue adelante. Cada vez que establezcas contacto visual, limítate a reconocer y apreciar la humanidad. Observa lo que ocurre en cada ocasión. ¿Cómo hace que te sientas? ¿Cómo cambia lo que sucede?

Retraso de cinco segundos  33

Muchas de las cosas que decimos y hacemos son reacciones que llevamos a cabo en una fracción de segundo ante algo que acabamos de experimentar. Al reaccionar de este modo tan rápido y automático, nos perdemos la posibilidad de asimilar estas experiencias más plenamente. Ser capaz de esperar y presenciar a menudo brinda grandes gratificaciones.

La práctica

Durante un día, antes de decir o de hacer algo, espera cinco segundos. Mientras esperas, presta mucha atención a los pensamientos que te pasan por la cabeza y a las sensaciones físicas y emocionales que se producen en tu cuerpo. Fíjate en cualquier cosa con la que te encuentres, sin analizarla ni juzgarla. Observa si el hecho de esperar cinco segundos hace que las cosas sean distintas para ti. Cuando obtengas la respuesta, piensa que será un indicador que debes analizar más a fondo.

Meditación del corazón 34

*S*iempre y en todo momento hay una gran cantidad de amor disponible, pero tenemos que estar presentes para poder recibirlo. Contrariamente a lo que la mayoría piensa, no es necesaria la participación de otra persona. De hecho, se consigue mejor a solas.

La práctica

Escoge un lugar tranquilo donde nadie te interrumpa. Empieza concentrándote en tu respiración. No trates de regularla de un modo u otro. Limítate a acostumbrarte a su ritmo natural.

Luego, cada vez que inhales, imagínate que **recibes todo el amor del universo** directamente en tu corazón. Cuando exhales, imagínate a ti misma enviando todo ese amor directamente desde tu corazón de vuelta a su fuente original. Inspira amor y espira amor. Descubrirás que enamorarte de tu yo más íntimo y enamorarte de toda la existencia es en realidad una misma cosa.

Honra los ciclos 35

El tiempo suele parecer lineal, pero no lo es. Se dobla, se enrosca y sigue ciclos igual que las estaciones. Cuando Eclesiastés dijo aquello de: «No hay nada nuevo bajo el sol», se refería a la forma en que las cosas se repiten una y otra vez. Pero cada vez que se repiten, somos nosotros los que hemos cambiado. Ésa es la razón por la que honrar los ciclos es una forma genial de realzar el presente.

La práctica

Tómate un respiro para evaluar los ciclos de tu vida. Estos empiezan, momento a momento, con cada inhalación y cada exhalación que haces para coger aire y con el latido constante de tu corazón. Siguen con el fluir de los días y las semanas. Incluyen acontecimientos mensuales, estacionales y anuales, así como sucesos periódicos que son exclusivos de tu propia experiencia.

Fusión corporal de un minuto de duración

*C*uando nos encontramos sometidos a mucho estrés o ante una reacción emocional intensa, nuestros pensamientos se vuelven rápidos y obsesivos y nos alejan del momento presente. En la mayoría de los casos, sin embargo, para encontrar el camino de regreso al presente basta con establecer una simple reconexión con nuestro cuerpo

La práctica

Si te encuentras en un estado de extrema ansiedad, deja lo que estés haciendo y concéntrate en los dedos de tus pies. Cuando seas capaz de sentir las sensaciones que se producen en su interior, pasa al puente de los pies, a los talones y a los tobillos. Cuando puedas sentir las sensaciones de todas estas partes, sigue subiendo hacia las pantorrillas, las rodillas, los muslos, las ingles, las nalgas y las caderas. Sigue adelante, sin dejar de respirar, mientras sientes la presencia del estómago, de la parte inferior de la espalda, del pecho, de la parte superior de la espalda, de los hombros, del cuello, de los brazos, de las manos y de los dedos de las manos. Termina sintiendo la boca, la nariz, las mejillas, los ojos, las orejas, la frente y el cuero cabelludo.

Date un empujoncito 37

*C*ada momento tiene su potencial. Justo detrás de los límites de la persona que creemos ser y de lo que somos capaces de hacer se esconde siempre el potencial para conseguir un nuevo logro sorprendente. Para conseguirlo, debemos deshacernos de lo habitual y lo acostumbrado. Debemos ampliar nuestros límites, con delicadeza, para llegar a parecernos más a lo que se supone que debemos ser.

La práctica

Escoge un ámbito de tu vida que tenga unas limitaciones claras.
En cuanto hayas escogido el ámbito, identifica una limitación
que estés dispuesto a modificar durante la semana siguiente.
Trata de conseguir esta modificación como si se tratara de una
postura de yoga: lenta y gradualmente, superando el punto
anterior pero sin sobrepasar un punto que puedas mantener sin
problemas. Si te comprometes a realizar esta práctica, para
cuando la termines serás una persona distinta,
realmente distinta.

Respira con todo el cuerpo

Expandiéndose y contrayéndose. Así es como funciona el universo, todas las cosas y, por supuesto, también el cuerpo humano. Expandirnos y contraernos libremente respirando con todo el cuerpo nos permite sensibilizarnos con este ir y venir eterno.

La práctica

Túmbate sobre una superficie dura. Apoya la cabeza en un cojín y también las rodillas si lo consideras necesario. Respira conscientemente, sin hacer esfuerzos, durante unos cinco minutos. Cada vez que inhales, imagina que el aire se extiende por tu tronco y por todas tus extremidades. Intenta sentir incluso cómo se te hinchan ligeramente los dedos de los pies y las manos. **Deja que esta respiración te llene de energía** y de optimismo.

Sé curioso 39

La curiosidad es uno de los principales aliados del presente. Hace que captemos el mundo que nos rodea y que nuestra perspectiva evolucione constantemente. Además, el hecho de descubrir algo por regla general genera una gran alegría.

La práctica

Elige un tema sobre el que te gustaría saber más e investiga sobre él. Sigue investigando y viajando. Inicia una conversación que normalmente no tendrías. Involucra tus sentidos. **Conviértelo en una experiencia total.** No pares hasta que no sientas más curiosidad que antes de empezar.

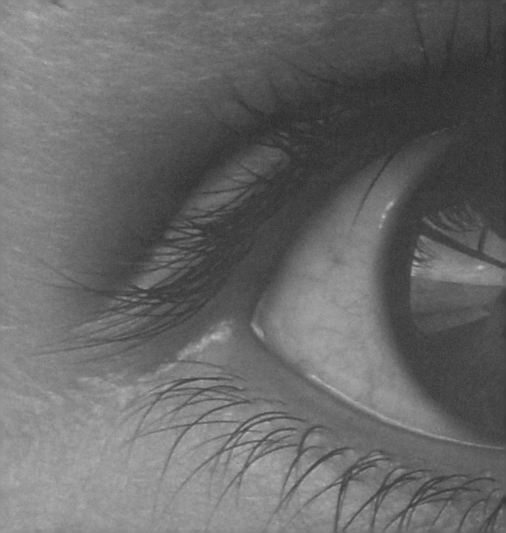

La curiosidad es uno
de los principales aliados
del presente

Condiciona tus sueños 40

*L*os sueños suelen plantear más preguntas que respuestas. Existe un modo, con frecuencia poco conocido, de intentar aclarar este rompecabezas. Soñando deliberadamente podemos aunar nuestra mente consciente y nuestra mente inconsciente. Como consecuencia tendremos la sensación de estar muy presentes, pero además descubriremos una guía interior de lo más poderosa.

La práctica

Durante una semana, deja en tu mesilla de noche una libreta.
Cada noche, antes de dormirte, piensa en algún aspecto de tu
vida sobre el que te gustaría obtener algún tipo de orientación.
Luego **pide a tu subconsciente que te
proporcione un sueño** sobre dicho asunto, y que sea un
sueño que luego recuerdes. Si te despiertas en plena noche,
anota lo que estabas soñando antes de volver a dormirte. Y si
por la mañana te despiertas recordando lo que estabas soñando,
anótalo antes de levantarte de la cama para empezar el nuevo
día.

El estado intermedio 41

*P*asamos dos terceras partes de nuestra vida despiertos, y sin embargo sintonizamos tan solo con una pequeña parte de lo que la vida puede ofrecernos. Asimismo, dedicamos prácticamente una tercera parte de nuestra vida a dormir, sin ser conscientes de nada. En los escurridizos instantes que separan la vigilia del sueño se dan estados alterados de la conciencia que pueden ayudarnos a librarnos incluso de las limitaciones más opresivas.

La práctica

Durante una semana, presta más atención de la habitual a lo que sucede justo antes de quedarte dormido o justo antes de despertarte al día siguiente. Si es posible, espera un rato antes de abrir los ojos y despertarte por completo.

Durante esos estados intermedios, abandónate a la extraña mezcla de pensamientos, sentimientos, historias borrosas e imágenes extrañas. Al mismo tiempo, trata de no perder el hilo de tu conciencia. Luego, durante el resto del día, observa si el hecho de recordar este estado intermedio aporta una nueva dimensión a tu conciencia corriente.

Autodigitopuntura  42

La acupuntura, junto con su variante sin agujas, la digitopuntura, sirve para limpiar la energía. En el debate sobre la eficacia de este sistema para suprimir el dolor y curar enfermedades, lo que no suele tenerse en cuenta es que la respuesta de cada individuo frente a él es única e impredecible. Con una actitud que aúne la receptividad y el escepticismo prueba este experimento de digitopuntura la próxima vez que estés distraído o desorientado.

La práctica

Coloca una mano con la palma hacia arriba. Con el extremo plano de un lápiz o un bolígrafo, ejerce una presión suave y constante durante cinco minutos sobre la hendidura que hay justo encima del hueso de la muñeca y en línea con tu dedo meñique. Además de proporcionar claridad mental, este punto, conocido como SI-5, se cree que ayuda en la toma de decisiones.

Ofrece gratitud 43

*C*omo dijo William Blake: «La gratitud es el paraíso». La mera experiencia de sentirnos agradecidos puede conectarnos con el presente de un modo agradable y relajado, y a la vez intenso. Pero ofrecer gratitud resulta todavía mejor. Proporciona una espiral de alegría que no dejará de crecer mientras tú no quieras.

La práctica

Piensa en una o más personas a las que estés profundamente agradecido. Sé específico con respecto a la razón por la que te inspiran gratitud. Después de regocijarte por dicha gratitud, sigue adelante y compártela. **No pidas nada a cambio** a aquellos a los que des las gracias; debe bastarte con que acepten tu ofrenda.

No pidas nada a cambio a aquellos a los que des las gracias; debe bastarte con que acepten tu ofrenda

Come conscientemente

44

*¿C*uántas veces que se te ha antojado una de tus comidas favoritas, has tenido que esperar todo el día hasta que te la has podido tomar y luego no la has disfrutado como es debido, porque antes de darle el primer bocado ya tenías la mente en otro lado? Esta forma de «comer distraído» es muy corriente, pero no tiene porque ser así.

La práctica

Durante una semana, cada vez que comas **concéntrate por completo en dicha experiencia**, como mínimo durante parte de la comida. Eso significa oler, probar, saborear, masticar, tragar y hacer una pausa entre un bocado y el siguiente. Cuando tu mente empiece a divagar, algo que resulta inevitable, no te autocritiques y vuelve a concentrarte en la comida que tienes delante.

Modifica una rutina 45

Cuando hacemos algo siempre de la misma manera, una y otra vez, suele acabar convirtiéndose en una rutina. Eso nos impide disfrutar a fondo de la actividad, así como del momento en el que está sucediendo. No obstante, basta con un pequeño cambio en la forma de realizar la actividad para recuperar el interés.

La práctica

Escoge una rutina diaria — tus estiramientos matutinos, el camino al trabajo o tu forma de lavarte los dientes. Durante los días siguientes, modifica conscientemente una parte de dicha rutina. Puedes apretar la pasta de dientes con la otra mano, por ejemplo, o lavarte los dientes siguiendo un orden distinto. Debes modificar algo que requiera toda tu atención, y **debe tratarse de un cambio distinto cada día.**

¿Te parece que la actividad resulta así más interesante?

Un día en silencio 46

*E*l ruido está en todas partes. Inconscientemente dedicamos la mayor parte de nuestra energía a filtrar los ruidos que no queremos oír. Todo este ruido puede hacernos perder la conexión directa con el momento presente. Así pues, no existe mejor tónico para nuestras vidas alocadas e inquietas que la invocación periódica del silencio.

La práctica

Escoge un día durante el que no tengas que trabajar y en el que
puedas contar con el apoyo de los que te rodean. Dedica el
día a estar en completo silencio. Eso significa no
pronunciar ni una sola palabra desde que te levantes hasta que
te acuestes. Además, no debes encender ni utilizar ningún
aparato que haga ruido y no sea esencial. Quédate con los
sonidos de la naturaleza y deja que ese día sea un verdadero
Sabbath, y que te devuelva a tu yo más esencial y tranquilo.

Mira más allá de las opiniones 47

Las opiniones son siempre subjetivas. Sin embargo, las opiniones tienen mucho poder, y las que emitimos sobre nosotros mismos son las más poderosas de todas. Si somos capaces de ver más allá de dichas opiniones y sus limitaciones, nos resultará más fácil mantener una actitud abierta capaz de explotar al máximo nuestro potencial.

La práctica

Confecciona una lista con tus tres mejores cualidades. Luego trata de pensar en alguna circunstancia bajo la que cada una de esas cualidades puede convertirse en un obstáculo.

Luego confecciona una lista con tus tres peores defectos. Trata de pensar en alguna circunstancia en la que cada uno de esos defectos pueda llegar a ser beneficioso. Cuando termines, observa si ahora concedes un poquito menos de valor a tu letanía personal de opiniones propias.

Medita de pie 48

La maestra budista Sylvia Boorstein escribió un libro titulado Don´t Just Do Something, Sit There *(No te limites a hacer algo y siéntate). El título hace referencia irónicamente al hecho de que estar constantemente haciendo algo nos impide celebrar el momento presente. La meditación es un antídoto fantástico contra la adicción a la actividad constante. La mayoría de nosotros cuando piensa en la meditación se imagina a gente sentada sobre cojines con las piernas cruzadas. Pero la meditación puede practicarse en cualquier posición y hacerlo en posición vertical resulta muy aconsejable.*

La práctica

Ponte de pie. Separa ligeramente los pies, de forma que estés cómodo. Deja los brazos caídos, de forma relajada y natural, junto al cuerpo. Quédate en esta postura durante quince minutos. Durante ese tiempo, experimenta centrándote en distintas cosas. Empieza centrándote en lo que experimentan tus pies en contacto con el suelo. Pasa a las vistas que captas y luego a los sonidos. Concéntrate un rato en tu respiración y luego en cualquier otra sensación que experimente tu cuerpo. Si sientes dolor, no te resistas. Siempre que tu mente empiece a divagar, encárgate tranquilamente de que vuelva a concentrarse. Finaliza la meditación siguiendo el libre fluir de tu conciencia mientras salta de tu interior al exterior, y de un fenómeno al siguiente.

El cielo nocturno 49

Si anteriormente el objetivo era estar tumbado al aire libre observando tranquilamente el cielo, ahora ha llegado el momento de repetir esa práctica, pero a altas horas de la madrugada. Existe un aspecto de la existencia que surge solo por la noche, cuando somos capaces de situar nuestros dramas humanos en el contexto de un universo infinito.

La práctica

Espera a que haga una noche clara y estrellada. Escoge una hora en la que la mayor parte del mundo esté profundamente dormido. Túmbate boca arriba y comprueba que estás cómodo y no tienes frío. Contempla cómo brilla y parpadea el cielo oscuro. Utiliza esta práctica **para contemplar la grandiosidad de la existencia**. Desde la posición ventajosa que te ofrece esta perspectiva universal, ¿qué te parece el momento presente? ¿Cómo ilumina o aclara este momento los momentos de tu vida diaria?

Contempla cómo brilla el cielo oscuro. Utiliza esta práctica para contemplar la grandiosidad de la existencia

Da vueltas 50

*¿**H**as visto alguna vez a un derviche girador o giróvago? ¿Te has preguntado alguna vez cuál es el propósito de su danza? Los derviches, que pertenecen a la misma secta sufi que el gran poeta místico Rumi, utilizan la ceremonia giratoria a modo de meditación en movimiento. Pretenden convertirse en un eje sagrado, que integre todos los campos de la existencia: físicos, emocionales, mentales y espirituales.*

La práctica

El hecho de dar vueltas, aunque no tenga nada que ver con el intrincado ritual sufí, puede reportar efectos parecidos. Empieza en silencio o con una música lenta y de ritmo alegre. Deja un pie inmóvil y gira alrededor de él con el otro. Extiende los brazos hacia fuera, en cruz, para que te ayuden a impulsarte. Mantén la cabeza erguida y la mirada fija. Gira de este modo durante un par de minutos. Si te mareas, para durante unos segundos y luego vuelve a empezar, moviéndote un poco más despacio que antes. Cuando estés listo, experimenta con un ritmo más rápido y cambiando de dirección. Aprópiate del movimiento, permaneciendo tan presente como puedas con respecto al fluir de cada giro y a la sensación que éste provoca. La velocidad no importa; cuanto más presente estés, menos te marearás.

Renueva tus amistades 51

*E*s más fácil iniciar una amistad que ponerle fin. No existe
ninguna ceremonia parecida al divorcio para señalar su
conclusión. Por tanto, a menudo seguimos adelante con
amistades que ya no nos sirven o que ya no reflejan la persona
en la que nos hemos convertido. Por eso resulta tan útil poner
fin periódicamente a algunas amistades e infundir un espíritu
completamente nuevo a otras.

La práctica

Confecciona una lista con los diez amigos con los que pasas más tiempo. Pon una cruz al lado de aquellos que te conocen, te ven **y te aman realmente como la persona que eres** justo ahora. Considera las relaciones que no merecen dicha distinción una por una. Decide si ha llegado el momento de deshacerse de ellas o de replantearlas de arriba abajo.

Localiza el origen 52

La vida contemporánea nos llega tratada, empaquetada y lista para consumir. Rara vez nos preocupamos del origen natural de las cosas. Aunque no veamos la mayor parte de este proceso, éste resulta fundamental en relación con lo que ocurre en todo momento. Tener más claro de dónde salen las cosas y cómo llegan hasta nosotros nos ayuda a honrar todo el entramado de la existencia.

La práctica

Realiza esta práctica primero en el salón de tu casa, luego en tu dormitorio y finalmente en la cocina. Empieza examinando todos los elementos que hay a tu alrededor, por ejemplo: las paredes, la pintura, los suelos, el mobiliario, las telas, los electrodomésticos y todos los objetos restantes.

Cada vez que tropieces con un objeto, considera de qué está hecho y dónde se originó dicha sustancia. Piensa en cómo se extrajo dicha sustancia, cómo se refinó y cómo llegó a su forma actual. ¿Te ha cambiado en algo dicho descubrimiento?

Tiempo para jugar 53

Tus juguetes preferidos te proporcionaron infinitas horas de placer y satisfacción cuando eras niño. Hasta que alguien te llamaba para que fueras a cenar o te acostaras. La buena noticia es que, por muchos años que hayan pasado, esos juguetes pueden conseguir que vuelva a surgir la magia.

La práctica

Si ya no tienes ninguno de esos juguetes de toda la vida, ves a una juguetería y cómprate algunos. Cuando estés listo, resérvate una hora sin reloj. Deja que el juguete te arrastre a su reino de fantasía. Disfruta con cualquier recuerdo que te venga a la mente, pero sin olvidar tu conexión con el presente. Durante esa hora no debe haber ningún adulto a la vista.

Date un automasaje 54

*L*a mayoría de nosotros estamos familiarizados con los beneficios del contacto físico cariñoso —caricias, abrazos, masajes— pero rara vez se nos ocurre tocarnos a nosotros mismos de ese modo. El contacto sensual con uno mismo fomenta una mentalidad abierta y receptiva. Crea una relación con el momento presente que resulta táctil, festiva y delicada.

La práctica

Date un baño y luego restriégate bien de la cabeza a los pies. Si te gusta, utiliza algún aceite o loción. No te masajees con un propósito determinado, como liberar la tensión o aflojar los músculos. **Masajéate por el mero placer de hacerlo.** Toca aquellas partes de tu cuerpo que no sueles tocar. Sigue con el masaje hasta que todo tu cuerpo diga por dentro: «Mmmm».

El contacto sensual con uno
mismo fomenta una mentalidad
abierta y receptiva

Adopta la postura contraria 55

Cuanto más enérgicamente te aferres a tus opiniones, más limitado será tu punto de vista. Por eso es tan importante que de vez en cuando renovemos nuestro punto de vista alejándonos de él.

La práctica

Selecciona un tema sobre el que tengas una opinión inquebrantable. Luego, reúne toda la información que puedas para apoyar la opinión contraria y **trata de encontrarle el lado positivo**. Cuando termines, observa si tu postura con respecto al tema es ahora un poco menos limitada.

Oscuro como la boca del lobo 56

*U*no de los principales detractores del presente es el miedo. Ante el miedo, normalmente nos encerramos en nosotros mismos, perdemos la conexión con nosotros mismos y con el momento presente. Pero también podemos aprovechar la experiencia del miedo, atravesarlo mientras aumenta y se libera, y descubrir lo que hay al otro lado.

La práctica

Encuentra un lugar que esté cerca de tu casa y oscuro.
Asegúrate de que no se trata de un lugar peligroso y coge una
linterna. Quédate así, completamente a oscuras, como mínimo
durante un minuto si puedes. Siente todas y cada una de las
sensaciones que experimentes, especialmente el miedo.

Conviértete en un investigador de tu miedo.

Cuando haya pasado el minuto, enciende un rato la linterna para
tomarte un respiro. Luego, cuando estés listo, repite la práctica
unas cuantas veces más, intentando que cada vez el rato que
estás a oscuras sea un poco más largo.

Gatea 57

*C*ada etapa de la vida se caracteriza por su propio grado de presencia, sabiduría y poder. Antes de aprender a andar, nuestra perspectiva del mundo, marcada por el hecho de que vamos a gatas, establece una relación única con la gente, las criaturas y los objetos. Esta perspectiva no tarda en desaparecer de nuestra vida para siempre; a menos que estemos dispuestos a recuperarla durante unos minutos.

La práctica

Ponte a cuatro patas y gatea un poco. Eso es todo en realidad.
Prueba esta práctica en casa y visita todos los rincones que
sueles frecuentar. Dirígete hacia cualquier rincón que cuando
estás de pie, sentado o andando se te escapa pero que ahora
llama tu atención. Si hay adultos, niños o mascotas por ahí,
mucho mejor. Ríete y siéntete ridículo e indefenso.
Y sobre todo, mantén la mente ocupada con cualquier
experiencia que solo puedas tener a nivel del suelo.

La oración 58
presente

*L*a mayoría de nosotros crecimos aprendiendo oraciones
petitorias, en las que pedíamos al Dios en el que creíamos
algo en concreto. Pero para rezar no es necesario creer en Dios,
ni tampoco hacen falta los elementos externos. Con la oración
presente, simplemente reforzamos nuestra intención de estar
presentes, y permitimos que surja de nuestro interior
orientación para conseguirlo. Lo sorprendente es que dicha
orientación casi siempre surge.

La práctica

Resérvate quince minutos y retírate a un lugar tranquilo.
Colócate en una postura que te resulte cómoda. Respira de un
modo relajado y natural. Luego hazte la siguiente pregunta:
¿Qué aspecto de mi vida requiere estar más presente?
Una vez hecha la pregunta, dirige tu atención hacia dentro y
espera pacientemente a que surja la respuesta. Cuando surja la
respuesta, deja que resuene durante un rato. Es posible que
estuvieras evitando dicha respuesta, o quizás estaba
merodeando por los límites de tu conciencia. Ahora que ha
salido a la luz, utiliza este momento de oración
para aceptarla del todo.

Dialoga con tu aflicción 59

*E*n cuanto algo nos aflige, nuestra mente se dispara y empieza a funcionar a toda máquina. Necesita entender la situación, tener el control sobre ella y encontrar la mejor forma de resolverla. Por regla general la mente no se da cuenta, o no quiere admitir, que ya dispone de toda la información necesaria para resolver la mayoría de aflicciones. Para poder acceder a esta información, basta con sintonizar con ella.

La práctica

Aflicción, en este contexto, significa cualquier cosa que hace que
te sientas mal. Puede ser un dolor de cabeza, un insulto o una
discusión con un amigo. La próxima vez que te sientas mal,
detente antes de lanzarte a un análisis mental minucioso de la
situación. Luego, preguntale dos cosas a la aflicción:
1) ¿Cuál es realmente el problema? 2) ¿Qué necesitas de mí en
relación con el problema?
Ten paciencia con la investigación; imagina que le estás
haciendo las preguntas a un niño listo pero afligido. Es posible
que alguna vez las respuestas resulten satisfactorias y completas.
En la mayoría de los casos, como mínimo, te proporcionarán
pistas muy valiosas.

Reposo absoluto 60

La mayor parte de la tensión que se acumula en nuestro cuerpo nos pasa desapercibida y se queda merodeando más allá de nuestra conciencia como una vaga sensación de incomodidad. Tomar conciencia de dicha tensión nos permitirá librarnos de ella de una forma sencilla y relajada.

La práctica

Túmbate sobre una superficie dura. Utiliza un cojín para apoyar la cabeza y, si fuera necesario, otro para apoyar las rodillas. Fúndete por completo con la superficie, como en la postura de yoga conocida como «postura del cadáver».

Empezando por los dedos de los pies, examina lenta y uniformemente todo tu cuerpo. Cuando encuentres una zona que está completamente relajada, disfruta de dicha relajación. Cuando encuentres alguna tensión, detente durante unos instantes. Limítate a concentrarte específicamente en ese punto mientras realizas varias respiraciones. Imagínate que toda esa tensión se desvanece.

Explota tus recuerdos 61

*D*e entre los millones de momentos que conforman nuestras vidas, en realidad son muy pocos los que recordamos. Solemos contar recuerdos a menudo, a nosotros mismos y a otros, convencidos de que son absolutamente ciertas. Al limitar nuestro pasado de esa manera, también limitamos nuestra disponibilidad para el presente. Así pues, solemos ignorar o ni siquiera vemos aquello que no encaja con nuestras historias. Si sacamos a la luz los recuerdos enterrados estaremos más abiertos para experiencias completamente nuevas.

La práctica

Escoge uno de tus principales recuerdos del pasado. Deja que los pensamientos e imágenes que sueles asociar con dicho **recuerdo salgan a la superficie de tu conciencia.** En vez de quedarte aquí, como siempre, sigue concentrado en ese momento hasta que surjan recuerdos relacionados con él. Si se trata de un recuerdo agradable, ¿puedes encontrar algo relacionado con él que resulte no ser tan agradable? Si se trata de un recuerdo desagradable, ¿hay algo relacionado con él que resulte no ser tan desagradable?

Haz pompas de jabón 62

A veces, cuando estamos mal a causa del estrés o agobiados, para restablecer el flujo basta con hacer un pequeño receso.

La práctica

Cómprate uno de esos botecitos que sirven para hacer pompas. Haz pompas durante cinco minutos. Conviértelo en una meditación y **mantén la mente ocupada** jugando alegremente mientras sumerges el bastoncito, haces surgir las pompas soplando y luego observas su trayectoria hasta que desaparecen.

A veces, cuando estamos mal a causa del estrés o agobiados, basta con hacer un pequeño receso para restablecer el flujo

Rodea un árbol con tus brazos 63

¿Te has dado cuenta de que al poner nombre a esta práctica hemos evitado la palabra abrazo? Se debe a que la expresión abrazador de árboles se ha convertido en una especie de insulto para referirse a los ecologistas. El acto de rodear con los brazos un árbol, sin embargo, no tiene nada que ver con ese cliché. Es una forma sencilla, poderosa y de lo más agradable de conectar con la energía descomunal de la naturaleza.

La práctica

Encuentra el momento y el lugar donde puedas hacerlo sin que nadie te vea y por tanto sin sentir vergüenza o inseguridad. Mantén los brazos alrededor del árbol durante unos minutos, respirando, escuchando, percibiendo, hasta que os fusionéis, hasta que el árbol y tú seáis una misma cosa.

Un día sin estar pendientes del reloj 64

*C*on frecuencia tanto los hombres como las mujeres están más interesados en lo que va a suceder a continuación que en lo que está sucediendo ahora. Todos estamos constantemente mirando el reloj y, por regla general, pendientes del futuro. Si no tenemos acceso a ningún artilugio que marque la hora, aunque sea solo durante un rato, seremos más capaces de apreciar cada momento.

La práctica

Durante un período de 24 horas, quítate el reloj y tapa todos los relojes que tengas en casa. Si te sientes obligado a saber en qué momento del día te encuentras, comprueba la posición del sol o de la luna. **Trata de convertirlo en un llamamiento al presente.** Observa lo que tu cuerpo experimenta, el tono de tus pensamientos y cualquier cosa que esté presente a tu alrededor.

Representa un papel 65

*L*a gente que nos cae mal muchas veces refleja aspectos de nosotros mismos que todavía no hemos aceptado. Estos aspectos residen en lo que los psicólogos denominan la «sombra». Si nos hacemos pasar por las personas que nos caen mal, y simulamos los peores defectos de esas personas, conseguiremos sacar a la luz lo que se ocultaba entre las sombras.

La práctica

Escoge a alguien que te caiga realmente mal, cuyo comportamiento te moleste tanto que te horroriza. Ahora imita el comportamiento de esa persona. No te limites a hacer una tímida imitación; exagera sus defectos hasta que puedas sentirlos de verdad. Cuando termines, investiga si existe el más mínimo rastro de dichos defectos en ti. Si es así, ¿estás dispuesto a aceptarlo? No olvides que la total aceptación es siempre el primer paso para conseguir un cambio positivo.

Planta algo 66

*L*a vida es una sucesión constante de nacimiento, crecimiento, deterioro y muerte. Este ciclo tiene lugar a distintos niveles, tanto a nivel molecular como a nivel universal. Dentro de una vida humana, sucede a nivel físico, emocional, mental y espiritual. Comunicar este ciclo a otra forma de vida nos ayudará a sensibilizarnos con su constante presencia.

La práctica

Compra un paquete de semillas de alguna planta que te gustaría plantar. Escoge una planta que sea anual o perenne, para que puedas experimentar las distintas fases de su ciclo vital en el transcurso de unas cuantas estaciones. Observa la planta durante como mínimo un minuto una o dos veces a la semana. Si la planta sobrevive, observa cuándo progresa de forma uniforme, cuándo se estanca y cuándo crece de golpe. Si la planta no sobrevive, intenta saber por qué. Luego planta otra semilla y haz todo lo que esté en tu mano para que salga adelante.

Cuida una planta para que puedas experimentar las distintas fases de su ciclo vital en el transcurso de unas cuantas estaciones

Proclama tu nombre 67

*H*ay un aspecto de la existencia que se desarrolla a un nivel más profundo que cualquiera de los roles que asumimos en nuestra vida diaria. Está más allá de lo que pensamos, sentimos, decimos o hacemos. En las tradiciones espirituales dicho estado de conciencia suele conocerse como el «Yo soy». Comprender el «Yo soy» es útil; experimentarlo directamente *puede resultar una experiencia realmente inolvidable.*

La práctica

Busca un lugar donde nadie pueda oírte. Pronuncia lentamente tu nombre, a un volumen normal, articulando cada sílaba por separado y con claridad. Hazlo diez veces. Luego proclama tu nombre tan alto como puedas.

Sigue proclamando tu nombre hasta que te sientas engrandecido, lleno de energía y poderoso. Para conseguir que el efecto sea mayor, realiza esta práctica con un amigo que te apoye. Deja que la presencia de un testigo intensifique, y te permita superar, cualquier posible duda sobre el espíritu que se esconde en lo más profundo de tu ser.

Escucha activamente 68

A menudo, mientras conversamos, no prestamos demasiada atención a lo que se está diciendo. Antes de que la otra persona haya llegado a la mitad de su razonamiento, nosotros ya estamos pensando en cómo vamos a refutarlo o a expresar nuestra compasión. Asimismo, solemos dejarnos llevar por pensamientos relacionados con algo de nuestra propia experiencia que tiene que ver con el tema de la conversación. Durante el proceso, nos desconectamos de la persona con la que estamos hablando y también del momento presente. Esta práctica nos permite restablecer rápidamente dicha conexión.

La práctica

Es una práctica que dura dos días. El primer día, limítate a estar muy pendiente de ti mismo durante las conversaciones. Observa cuándo estás completamente presente y cuándo te quedas absorto. **Busca elementos que te inquieten** tanto físicos como mentales. Observa con qué frecuencia te quedas absorto con algún tema interno mientras la otra persona sigue hablando.

El segundo día, cada vez que otra persona comparta contigo algo importante en una conversación, resume el contenido y pregúntate si lo has entendido correctamente. Si no lo has entendido correctamente, pídele que te lo repita. Resiste cualquier impulso de centrar la conversación en tu persona.

Torrente de palabras 69

*C*omo cualquiera que escriba un diario sabe, el acto de escribir es toda una revelación. En el proceso, nuestras palabras revelan aspectos previamente ocultos de nosotros mismos. Para aprovechar al máximo esta práctica, es vital que no revisemos nuestras palabras y que no paremos hasta el final. Lo que suele aparecer, entre el torrente de palabras, son los aspectos más profundos de la persona.

La práctica

Coge un bolígrafo y un cuaderno o si prefieres utiliza un ordenador. Uses lo que uses, empieza haciéndote la pregunta siguiente: «¿Cuál es la verdad más importante sobre mi vida justo en este momento, que debo afrontar y analizar?». Escribe durante diez minutos sin parar. Si no se te ocurre nada que escribir, escribe sobre lo mucho que te cuesta seguir. No importa lo que escribas, pero no dejes de hacerlo. Pronto el torrente de palabras empezará a fluir, y también aflorarán los descubrimientos.

Trasciende tu estilo 70

*E*l estilo no existe solo en el campo de la moda; en realidad está presente en todos los ámbitos de la vida. Y allí donde hay estilo, hay también división. Ponerse del lado de aquellos que comparten nuestro estilo y oponerse, aunque sea sutilmente, a esos que no lo hacen es algo completamente normal. Pero ello nos aleja de la receptividad y aceptación que requiere la presencia total. Renunciar a un aspecto de nuestro estilo constituye un incentivo muy eficaz para librarse de esta limitación.

La práctica

Piensa un poco en tu estilo. ¿Qué tipo de ropa, música, películas y cultura prefieres? Luego confecciona una lista con lo que tú consideras una metedura de pata importante en cuestiones de estilo, por ejemplo llevar el pelo cardado, comer comida basura o llevar camisetas hippies. Luego escoge algo de la lista y permítetelo. Ves completamente en contra de tus gustos. Durante el proceso, averigua si tienes algo en común con aquellos que prefieren ese estilo. No des por finalizada la práctica hasta que no seas capaz de disfrutar, aunque sea solo un poco, con tu trasgresión provisional.

Autointerrógate 71

*R*amana Mahaeshi, que era considerado un gran sabio en la India, quería ayudar a sus discípulos a librarse de todos los espejismos del ego. Procuraba proporcionarles pruebas empíricas de que no existían separadamente del resto de la creación, y que la sensación de ser individuos independientes era completamente falsa. Según él todo lo que tenemos que hacer para comprender estas verdades es llevar a cabo una autoinvestigación sencilla pero profunda.

La práctica

A medida que crecías, te acostumbraste a decir: «Yo» para describirte a ti mismo. ¿Pero de qué se compone este «Yo»? ¿Y cómo? Estas son las preguntas que debes plantearte.

Para practicar y encontrar tus propias respuestas, empieza localizando el «Yo» siempre que aparezca. Si se trata de un pensamiento, pregúntate: «¿Soy yo ese pensamiento?». Si se trata de un sentimiento pregúntate: «¿Soy yo ese sentimiento?». Si te encuentras con un Yo que parece presenciar todo lo anterior por separado, pregúntate: «¿Soy yo ese testigo?» Sigue investigando más y más, hasta encontrar tu esencia absoluta.

Sigue investigando más y más,
hasta encontrar
tu esencia absoluta

El final 72

Todo tiene su momento. Todas las cosas de la creación nacen, existen y perecen. El final, visto de este modo, puede resultar tan natural y hermoso como el principio. Pero a menudo resulta también triste, y por lo tanto solemos rechazarlo hasta que es absolutamente necesario. Al hacerlo, nos cuesta más dar la bienvenida a todo lo nuevo, inesperado y vital para nosotros. Un final oportuno, sea lo agridulce que sea, es en última instancia una celebración.

La práctica

Dedica algo de tiempo a pasar revista a tu vida. ¿En qué parte de ella hay algo que está a punto de terminar? Podría tratarse de tu pertenencia a una organización determinada, de tu carrera profesional o de un hábito personal. Podría ser algo que ya no tiene valor o algo muy importante. Escojas lo que escojas, deja que termine tan pacíficamente como sea posible. Para ello, incorpora todas las herramientas del presente que has aprendido con este libro. **Debes tener la mente y el corazón abiertos.** Presta atención a tu cuerpo y asegúrate de que está relajado. Cuida tus emociones y asegúrate de que fluyen libremente. Finalmente, cuando sientas que estás listo, acepta lo que está terminando haciendo una reverencia por dentro en señal de agradecimiento.

Otros títulos de **Vital**

Mensajes con amor
Susan Jeffers

Este libro nos ofrece una colección de afirmaciones positivas
para la práctica diaria que nos permitirán eliminar miedos
y temores y afrontar cualquier situación con serenidad.
A través de ellas podemos reeducar nuestra mente, eliminar
de ella toda la negatividad que nos mantiene prisioneros
y nos impide liberar nuestro potencial para crearnos a
nosotros mismos y vivir la vida que deseamos y merecemos.

Pídeselo al Universo
Bärbel Mohr

Un manual para aprender a interpretar las señales que nos
envía el Universo. Cada vez hay más personas que perciben
con toda claridad la voz de su intuición. Para poder escuchar la voz interior resulta suficiente con un poco de entre-
namiento, recostarse unos minutos, respirar adecuadamente
y percibir el propio ser y el contacto con el Universo. Porque si uno es feliz, puede tenerlo todo y no necesitar nada.

Otros títulos de **Vital**

Felicidad es...
Margaret Hay

Sumérgete en las pequeñas páginas de este libro, en él encontrarás reflexiones que te acogerán, tranquilizantes. Tómate tu tiempo. Coge el libro, cierra los ojos, respira y ábrelo al azar por cualquier parte, vuelve a abrir los ojos, lee con atención y tómalo como punto de partida. Te ayudará en tus decisiones. Muchos buscan la felicidad sin saber que ésta se construye día a día, minuto a minuto, disfrutando de todo lo que se nos presenta en cada instante.

Vivir de otra manera es posible
Regina Carstensen

Cómo podemos simplificar nuestra vida y hacer que nos sintamos más libres? Gracias a las innumerables propuestas de este libro, que ha sido un gran éxito de ventas en Alemania, aprenderemos a decir *no*, a liberarnos de los sentimientos de culpa y a encontrar el equilibrio en nuestra rutina laboral, consiguiendo así encontrar el tiempo necesario para disfrutar de la alegría de vivir.

Otros títulos de **Vital**

Sentirse bien
Wayne W. Lewis

Wayne W. Lewis es un psicoterapeuta especializado en las técnicas de relajación y en la armonización cuerpo-mente. Sus libros son auténticos éxitos de ventas en los Estados Unidos. En este libro nos propone un fascinante acercamiento a lo más recóndito de nuestra mente, de nuestro cuerpo y de nuestro espíritu con el fin de sacar a la luz toda aquella energía inconsciente que se esconde tras nuestros actos.